Impressum
Verlag: BABADADA GmbH, Nedderfeld 112 , 22529 Hamburg
Geschäftsführer / Verlagsleitung: Harald Hof
Druck: Books on Demand GmbH, In de Tarpen 42, 22848 Norderstedt

Imprint
Publisher: BABADADA GmbH, Nedderfeld 112 , 22529 Hamburg, Germany
Managing Director / Publishing direction: Harald Hof
Print: Books on Demand GmbH, In de Tarpen 42, 22848 Norderstedt

l'école

Šola

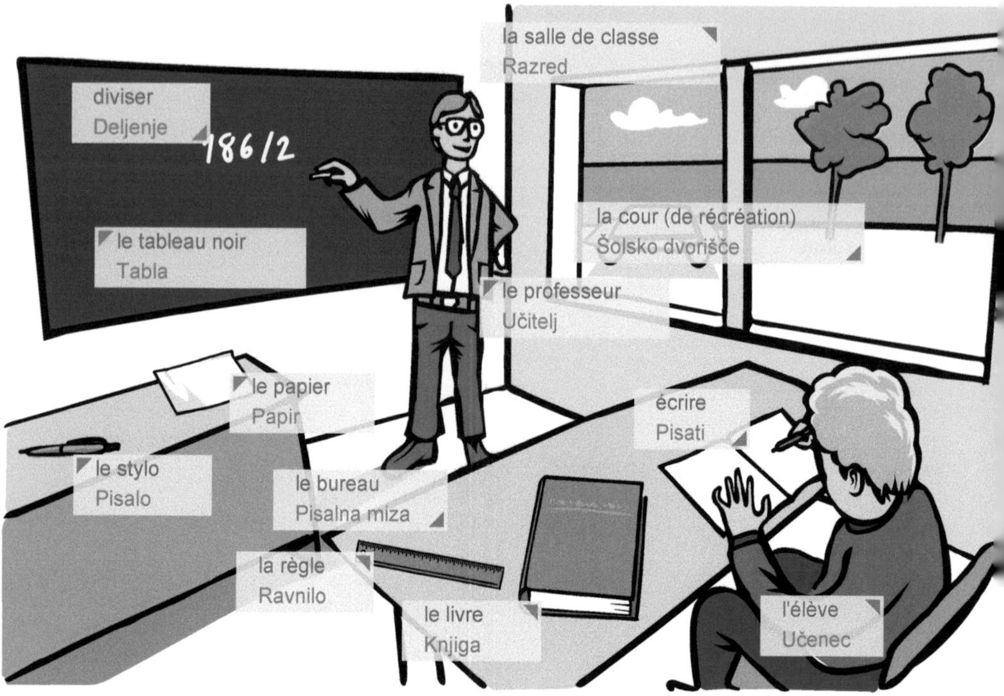
la salle de classe
Razred
diviser
Deljenje
186/2
le tableau noir
Tabla
la cour (de récréation)
Šolsko dvorišče
le professeur
Učitelj
le papier
Papir
écrire
Pisati
le stylo
Pisalo
le bureau
Pisalna miza
la règle
Ravnilo
le livre
Knjiga
l'élève
Učenec

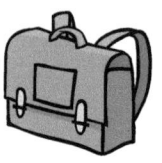

le cartable

Šolska torba

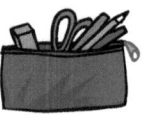

la trousse

Peresnica

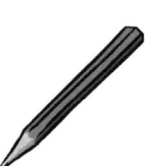

le crayon

Svinčnik

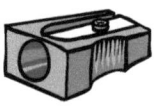

le taille-crayon

Šilček

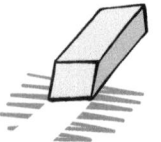

la gomme

Radirka

le carnet à dessin

Risalni blok

le dessin

Risba

le pinceau

Čopič

la boîte de peinture

Vodene barvice

les ciseaux

Škarje

la colle

Lepilo

le cahier d'exercices

Zvezek

les devoirs

Domača naloga

le chiffre

Število

additionner

Seštevanje

soustraire

Odštevanje

multiplier

Množenje

calculer

Računanje

la lettre

Črka

l'alphabet

Abeceda

le mot

Beseda

le texte

Besedilo

lire

Brati

la craie

Kreda

la leçon

Učna ura

le livre de classe

Redovalnica

l'examen

Preizkus znanja

le certificat

Spričevalo

l'uniforme scolaire

Šolska uniforma

la formation

Izobrazba

le lexique

Enciklopedija

l'université

Univerza

le microscope

Mikroskop

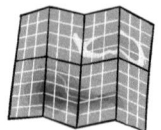

la carte

Zemljevid

la corbeille à papier

Koš za smeti

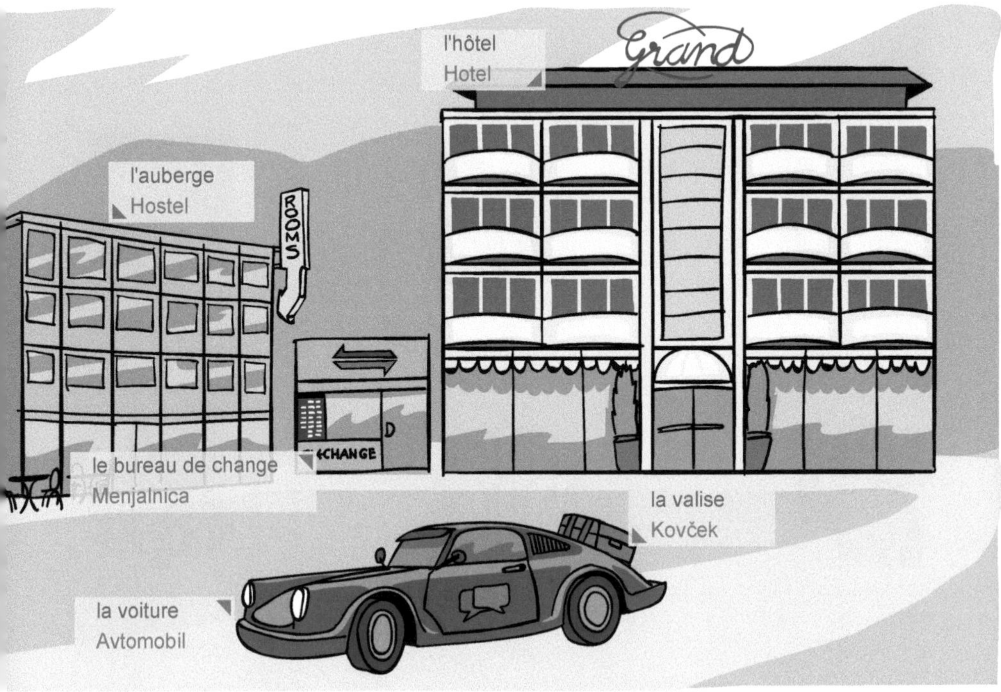

l'hôtel
Hotel
Grand
l'auberge
Hostel
ROOMS
le bureau de change
Menjalnica
CHANGE
la valise
Kovček
la voiture
Avtomobil

la langue

Jezik

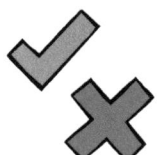

oui / non

da / ne

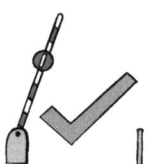

d'accord

Prav

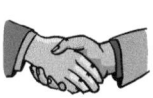

Salut

Pozdravljeni

l'interprète

Prevajalec

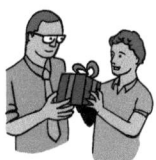

merci

Hvala

Combien coûte...?

Koliko stane...?

Je ne comprends pas

Ne razumem

le problème

Težava

Bonsoir !

Dober večer!

Bonjour !

Dobro jutro!

Bonne nuit !

Lahko noč!

Au revoir

Nasvidenje

la direction

Smer

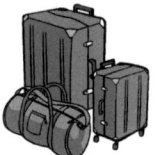

les bagages

Prtljaga

le sac

Torba

le sac-à-dos

Nahrbtnik

l'hôte

Gost

la pièce

Soba

le sac de couchage

Spalna vreča

la tente

Šotor

l'office de tourisme

Turistične informacije

la plage

Plaža

la carte de crédit

Kreditna kartica

le petit-déjeuner

Zajtrk

le déjeuner

Kosilo

le dîner

Večerja

le billet

Vozovnica

l'ascenseur

Dvigalo

le timbre

Znamka

la frontière

Meja

la douane

Carina

l'ambassade

Veleposlaništvo

le visa

Vizum

le passeport

Potni list

le transport

Prevoz

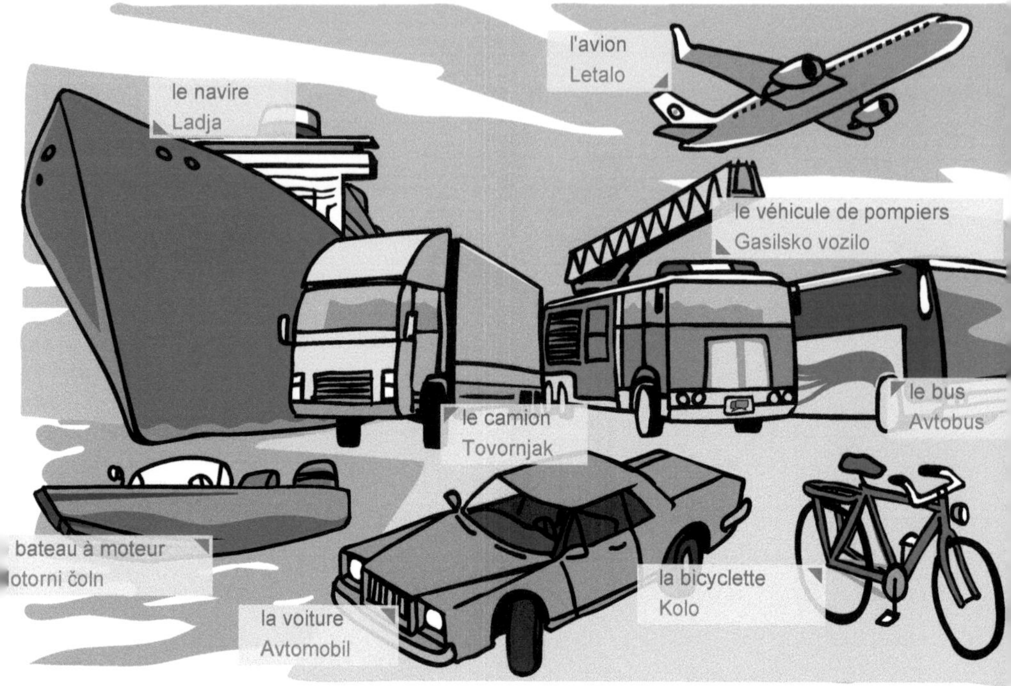

l'avion
Letalo
le navire
Ladja
le véhicule de pompiers
Gasilsko vozilo
le bus
Avtobus
le camion
Tovornjak
bateau à moteur
otorni čoln
la bicyclette
Kolo
la voiture
Avtomobil

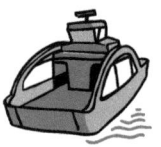

le ferry

Trajekt

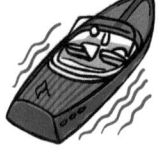

la barque

Čoln

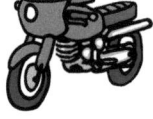

la moto

Motorno kolo

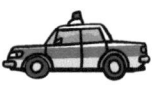

la voiture de police

Policijski avto

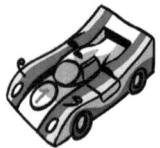

la voiture de course

Dirkalni avto

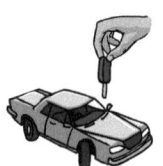

la voiture de location

Najeto vozilo

l'auto-partage

Souporaba avtomobila

la voiture de remorquage

Avtovleka

la benne à ordures

Smetarsko vozilo

le moteur

Motor

l'essence

Gorivo

la station d'essence

Bencinska postaja

le panneau indicateur

Prometni znak

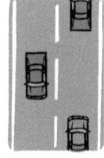

le trafic

Promet

l'embouteillage

Zastoj

le parking

Parkirišče

la gare

Železniška postaja

les rails

Tirnice

le train

Vlak

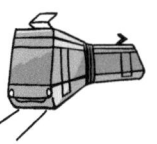

le tramway

Tramvaj

le wagon

Vagon

l'hélicoptère
Helikopter

l'aéroport
Letališče

la tour
Stolp

le passager
Potnik

le conteneur
Kontejner

le carton
Karton

le chariot
Voziček

la corbeille
Košara

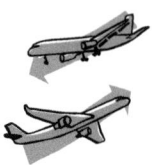

décoller / atterrir
vzleteti / pristati

la ville

Mesto

le village
Vas

le centre-ville
Mestno jedro

la maison
Hiša

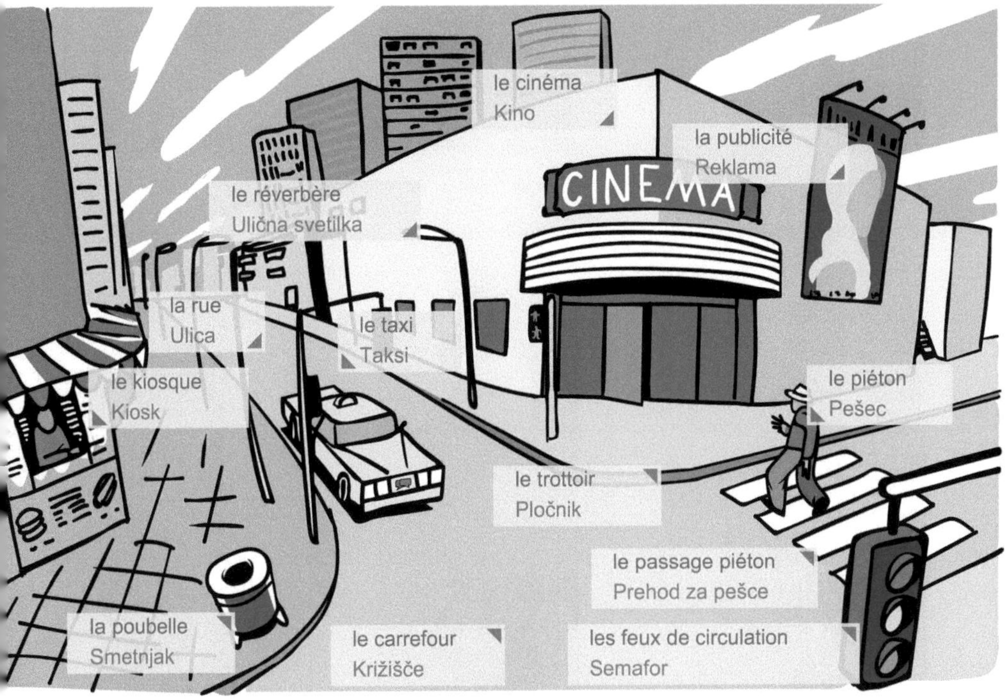
le cinéma
Kino
la publicité
Reklama
CINEMA
le réverbère
Ulična svetilka
la rue
Ulica
le taxi
Taksi
le kiosque
Kiosk
le piéton
Pešec
le trottoir
Pločnik
le passage piéton
Prehod za pešce
la poubelle
Smetnjak
le carrefour
Križišče
les feux de circulation
Semafor

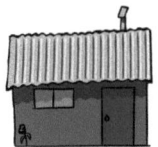

la cabane

Koča

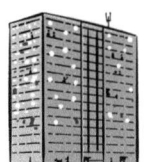

l'appartement

Stanovanje

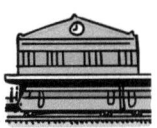

la gare

Železniška postaja

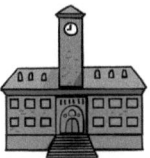

la mairie

Mestna hiša

MUSEUM

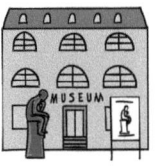

le musée

Muzej

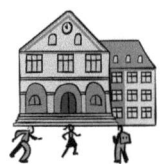

l'école

Šola

l'université

Univerza

la banque

Banka

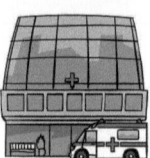

l'hôpital

Bolnišnica

l'hôtel

Hotel

la pharmacie

Lekarna

le bureau

Pisarna

la librairie

Knjigarna

le magasin

Trgovina

le fleuriste

Cvetličarna

le supermarché

Supermarket

le marché

Tržnica

le grand magasin

Veleblagovnica

la poissonnerie

Ribarnica

le centre commercial

Nakupovalno središče

le port

Pristanišče

le parc
Park

la banque
Klop

le pont
Most

les escaliers
Stopnice

le métro
Podzemna železnica

le tunnel
Predor

l'arrêt de bus
Avtobusno postajališče

le bar
Bar

le restaurant
Restavracija

la boîte à lettres
Poštni nabiralnik

le panneau indicateur
Ulična tabla

le parcmètre
Parkirna ura

le zoo
Živalski vrt

le réverbère
Kopališče

la mosquée
Mošeja

la ferme
Kmetija

la pollution
Onesnaževanje

la cimetière
Pokopališče

l'église
Cerkev

l'aire de jeux
Otroško igrišče

le temple
Tempelj

le paysage
Pokrajina

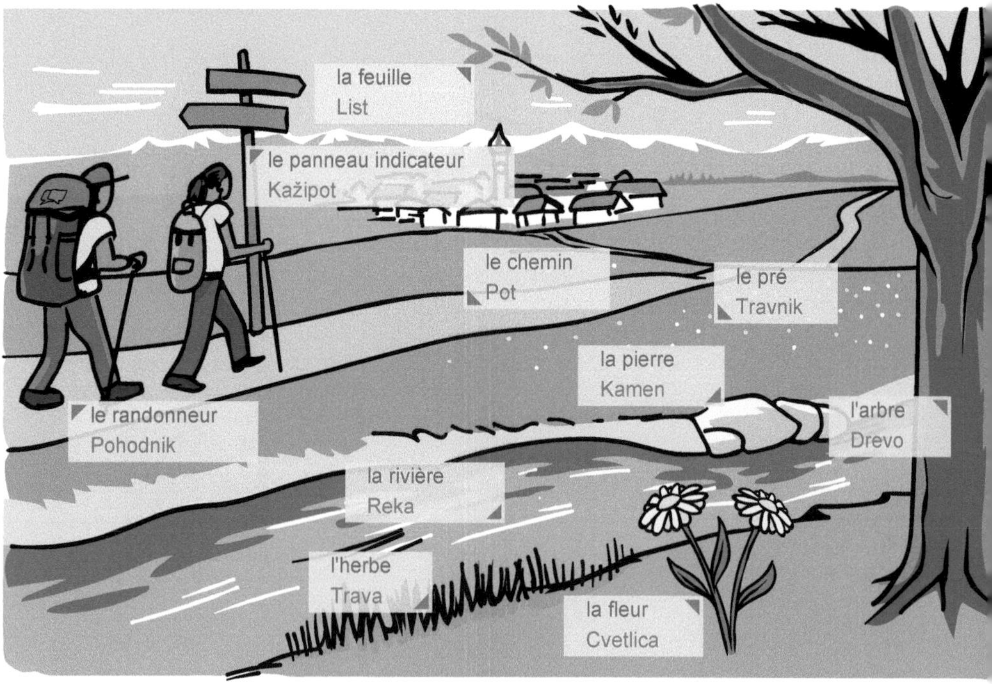

la feuille
List

le panneau indicateur
Kažipot

le chemin
Pot

le pré
Travnik

la pierre
Kamen

l'arbre
Drevo

le randonneur
Pohodnik

la rivière
Reka

l'herbe
Trava

la fleur
Cvetlica

la vallée

Dolina

la montagne

Hrib

le lac

Jezero

la forêt

Gozd

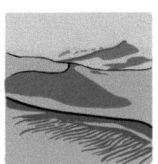

le désert

Puščava

le volcan

Vulkan

le château

Grad

l'arc-en-ciel

Mavrica

le champignon

Goba

le palmier

Palma

le moustique

Komar

la mouche

Muha

les fourmis

Mravlja

l'abeille

Čebela

l'araignée

Pajek

le coléoptère

Hrošč

la grenouille

Žaba

l'écureuil

Veverica

le hérisson

Jež

le lièvre

Zajec

la chouette

Sova

l'oiseau

Ptič

le cygne

Labod

le sanglier

Divji prašič

le cerf

Jelen

l'élan

Los

le barrage

Jez

l'éolienne

Vetrnica

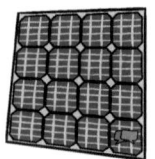

le panneau solaire

Solarna plošča

le climat

Podnebje

le restaurant
Restavracija

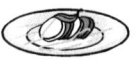

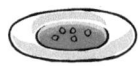

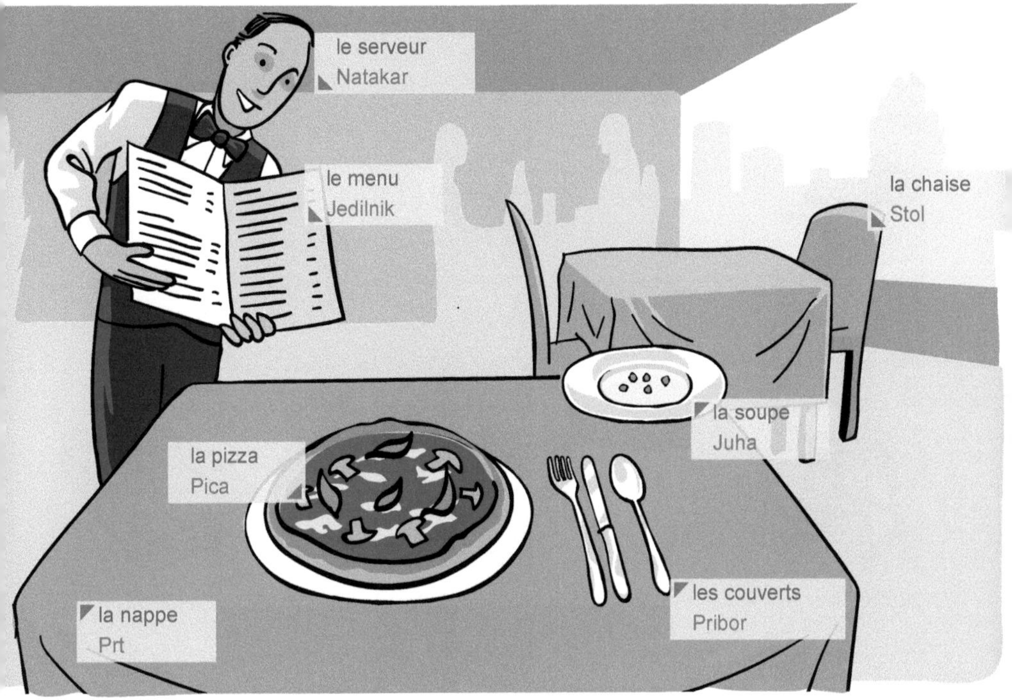
le serveur
Natakar
le menu
Jedilnik
la chaise
Stol
la soupe
Juha
la pizza
Pica
les couverts
Pribor
la nappe
Prt

les hors d'œuvre
Predjed

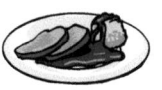

le plat principal
Glavna jed

le dessert
Sladica

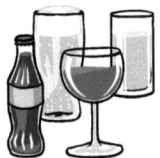

les boissons
Pijače

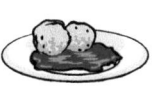

l'alimentation
Hrana

la bouteille
Steklenica

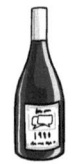

le fast-food

Hitra hrana

les plats à emporter

Ulična hrana

la théière

Čajnik

le sucrier

Sladkornica

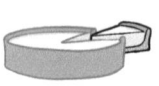

la portion

Porcija

la machine à expresso

Aparat za espresso

la chaise haute

Stolček za hranjenje

la facture

Račun

le plateau

Pladenj

le couteau

Nož

la fourchette

Vilica

la cuillère

Žlica

la cuillère à thé

Čajna žlička

la serviette

Servieta

le verre

Kozarec

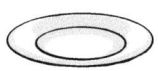

l'assiette

Krožnik

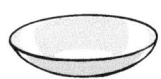

l'assiette à soupe

Globoki krožnik

la soucoupe

Krožniček

la sauce

Omaka

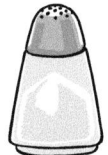

la salière

Solnica

le moulin à poivre

Mlinček za poper

le vinaigre

Kis

l'huile

Olje

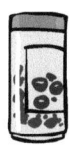

les épices

Začimbe

le ketchup

Kečap

la moutarde

Gorčica

la mayonnaise

Majoneza

le supermarché
Supermarket

l'offre promotionnelle
Posebna ponudba
FOR
le client
Stranka
les produits laitiers
Mlečni izdelki
les fruits
Sadje
le chariot
Nakupovalni voziček

BUTCHERS

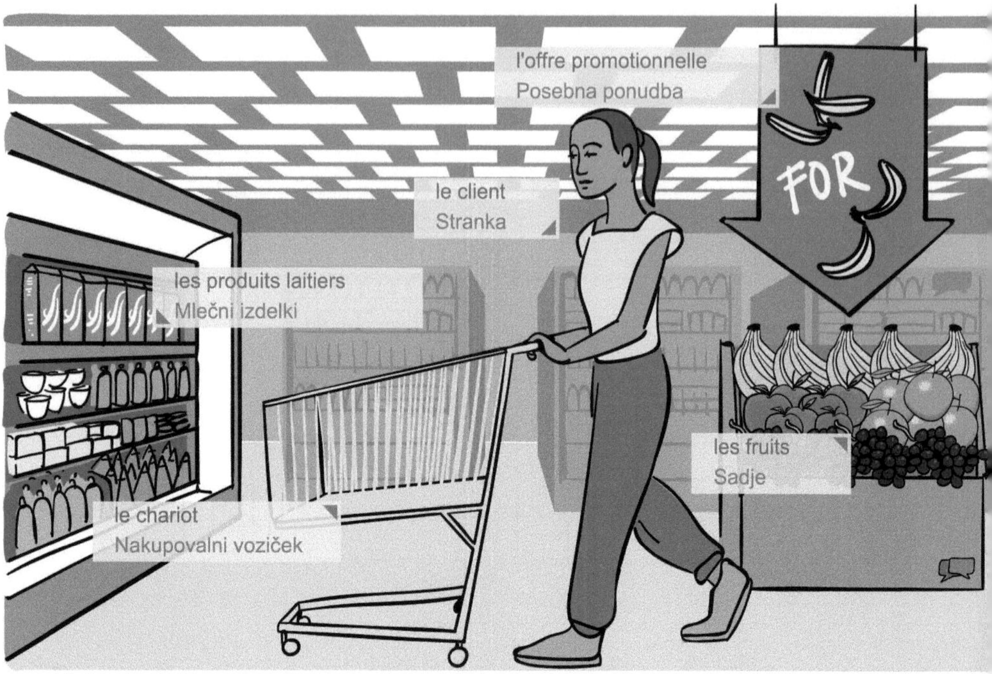

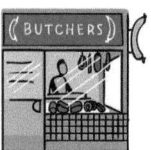

la boucherie
Mesnica

BAKERY

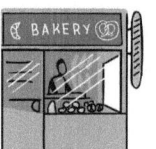

la boulangerie
Pekarna

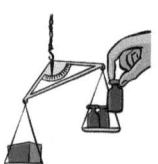

peser
Tehtati

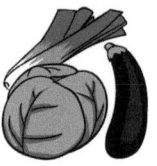

les légumes
Zelenjava

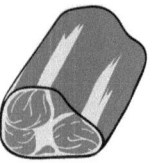

la viande
Meso

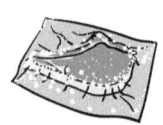

les aliments surgelés
Zamrznjena hrana

la charcuterie

Hladne mesnine

les conserves

Konzerve

la poudre à lessive

Pralni prašek

les bonbons

Sladkarije

les articles ménagers

Gospodinjski izdelki

les détergents

Čistilno sredstvo

la vendeuse

Prodajalka

la caisse

Blagajna

le caissier

Blagajnik

la liste d'achats

Nakupovalni seznam

les heures d'ouverture

Delovni čas

le portefeuille

Denarnica

la carte de crédit

Kreditna kartica

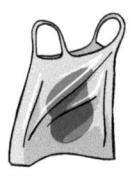

le sac

Torba

les heures d'ouverture

le sac en plastique

Plastična vrečka

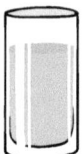

l'eau

Voda

le jus de fruit

Sok

le lait

Mleko

le coca

Kola

le vin

Vino

la bière

Pivo

l'alcool

Alkohol

le chocolat chaud

Kakav

le thé

Čaj

le café

Kava

l'expresso

Espresso

le cappuccino

Kapučino

la banane

Banana

la pomme

Jabolko

l'orange

Pomaranča

le melon

Lubenica

le citron.

Limona

la carotte

Korenje

l'ail

Česen

le bambou

Bambus

l'oignon

Čebula

le champignon

Goba

les noisettes

Oreščki

les pâtes

Rezanci

les spaghetti

Špageti

le riz

Riž

la salade

Solata

les pommes frites

Ocvrt krompirček

les pommes de terre rôties

Pečen krompir

la pizza

Pica

le hamburger

Hamburger

le sandwich

Sendvič

l'escalope

Zrezek

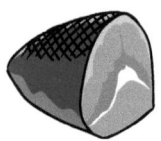

le jambon

Šunka

le salami

Salama

la saucisse

Klobasa

le poulet

Piščanec

le rôti

Pečenka

le poisson

Riba

les flocons d'avoine

Ovseni kosmiči

le muesli

Musli

les cornflakes

Koruzni kosmiči

la farine

Moka

le croissant

Rogljiček

les petits-pains

Žemlja

le pain

Kruh

le pain grillé

Prepečenec

les biscuits

Piškoti

le beurre

Maslo

le fromage blanc

Skuta

le gâteau

Torta

l'œuf

Jajce

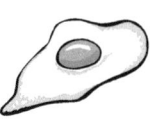

l'œuf au plat

Pečeno jajce na oko

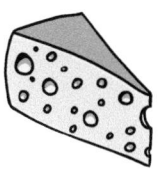

le fromage

Sir

la glace

Sladoled

le sucre

Sladkor

le miel

Med

la confiture

Marmelada

la crème nougat

Čokoladni namaz

le curry

Kari

la ferme
Kmetija

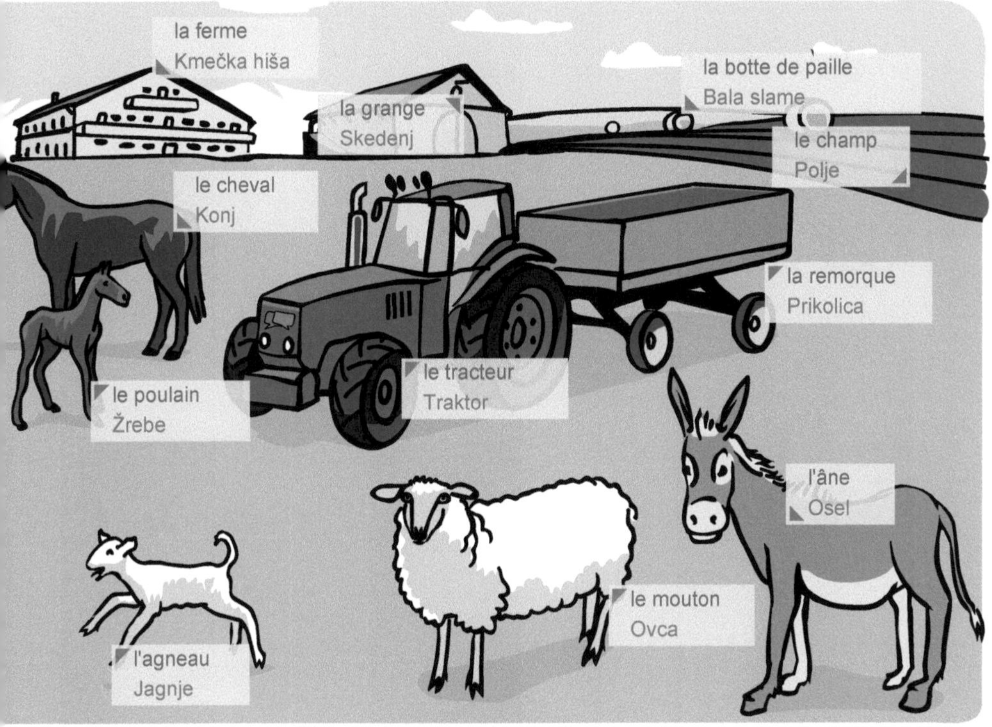
la ferme
Kmečka hiša
la grange
Skedenj
la botte de paille
Bala slame
le champ
Polje
le cheval
Konj
la remorque
Prikolica
le tracteur
Traktor
le poulain
Žrebe
l'âne
Osel
le mouton
Ovca
l'agneau
Jagnje

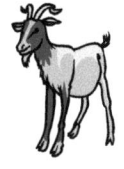

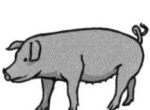

la chèvre

Koza

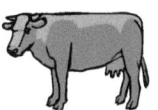

la vache

Krava

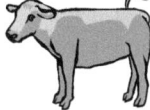

le veau

Tele

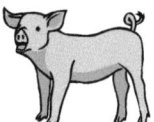

le porc

Prašič

le porcelet

Pujsek

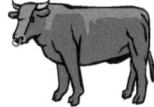

le taureau

Bik

l'oie

Gos

le canard

Raca

le poussin

Piščanec

la poule

Kokoš

le coq

Petelin

le rat

Podgana

le chat

Mačka

la souris

Miš

le bœuf

Vol

le chien

Pes

le chenil

Pasja uta

le tuyau de jardin

Cev za zalivanje

l'arrosoir

Kangla za zalivanje

la faucheuse

Kosa

la charrue

Plug

la faucille

Srp

la pioche

Motika

la fourche

Vile

la hache

Sekira

la brouette

Samokolnica

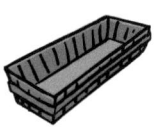

la cuve

Korito

le pot à lait

Kangla za mleko

le sac

Vreča

la clôture

Ograja

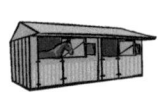

l'étable

Hlev

le serre

Rastlinjak

le sol

Prst

les semences

Seme

l'engrais

Gnojilo

la moissonneuse-batteuse

Kombajn

récolter

Žeti

la récolte

Žetev

l'igname

Jam

le blé

Pšenica

le soja

Soja

la pomme de terre

Krompir

le maïs

Koruza

le colza

Oljna ogrščica

l'arbre fruitier

Sadno drevo

le manioc

Maniok

les céréales

Žito

la maison
Hiša

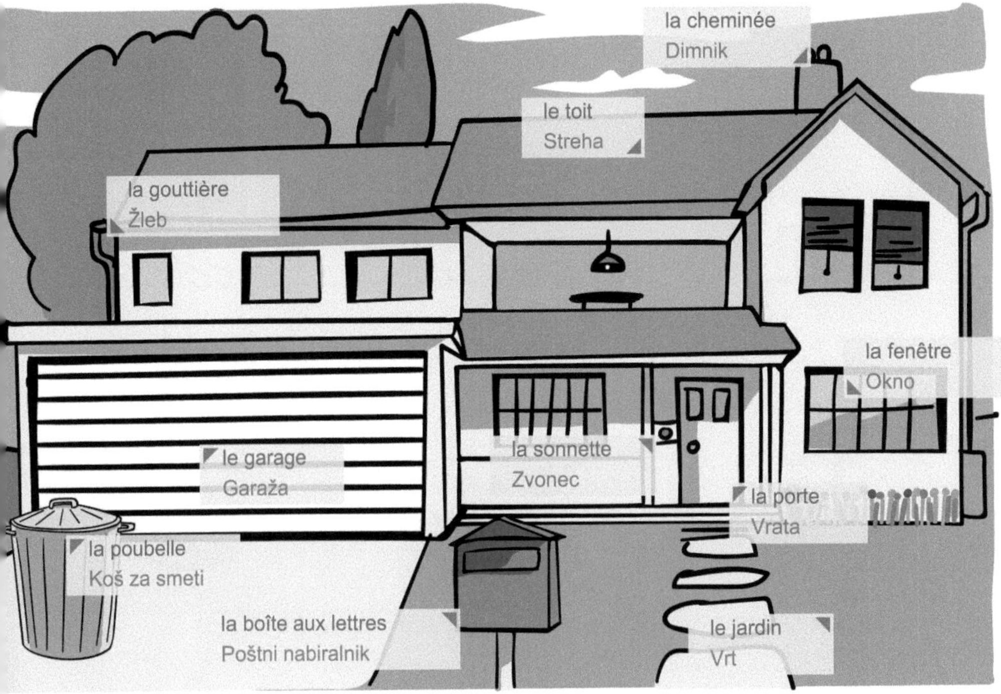
la cheminée
Dimnik
le toit
Streha
la gouttière
Žleb
la fenêtre
Okno
le garage
Garaža
la sonnette
Zvonec
la porte
Vrata
la poubelle
Koš za smeti
la boîte aux lettres
Poštni nabiralnik
le jardin
Vrt

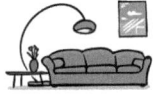

le salon

Dnevna soba

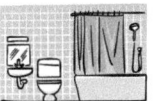

la salle de bain

Kopalnica

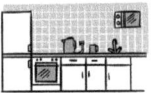

la cuisine

Kuhinja

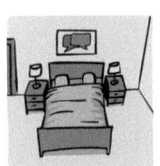

la chambre à coucher

Spalnica

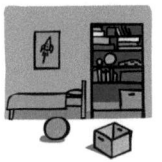

la chambre d'enfant

Otroška soba

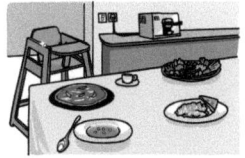

la salle à manger

Jedilnica

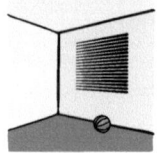

le sol

Tla

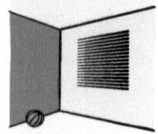

le mur

Stena

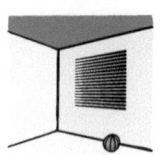

le plafond

Strop

la cave

Klet

le sauna

Savna

le balcon

Balkon

la terrasse

Terasa

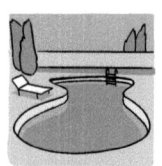

la piscine

Bazen

la tondeuse à gazon

Kosilnica

la housse

Rjuha

la couette

Posteljno pregrinjalo

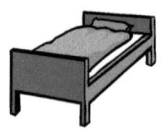

le lit

Postelja

le balai

Metla

le sceau

Vedro

l'interrupteur

Stikalo

le salon
Dnevna soba

le papier peint
Tapeta
l'image
Slika
la lampe
Svetilka
l'étagère
Polica
l'armoire
Omara
la télé
Televizor
la cheminée
Kamin
la fleur
Cvetlica
le coussin
Blazina
le sofa
Zofa
le vase
Vaza
la télécommande
Daljinski upravljalnik

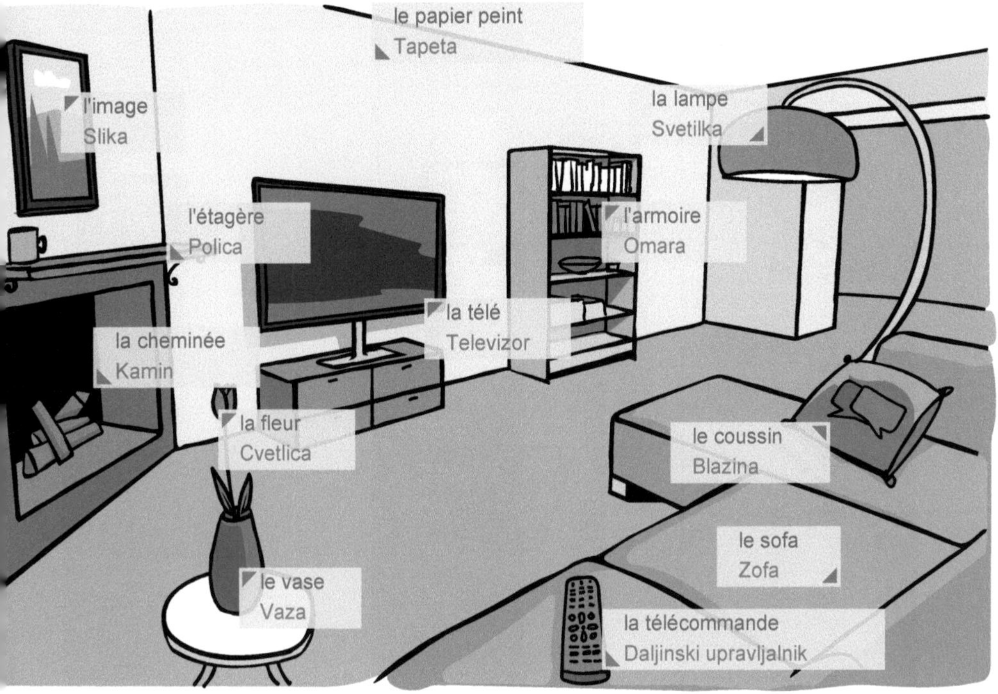

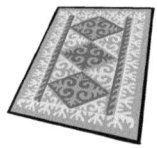

le tapis
Preproga

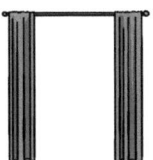

le rideau
Zavesa

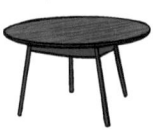

la table
Miza

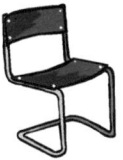

la chaise
Stol

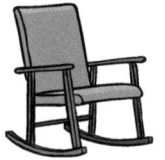

la chaise à bascule
Gugalnik

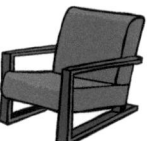

le fauteuil
Naslanjač

le livre

Knjiga

la couverture

Odeja

la décoration

Dekoracija

le bois de chauffage

Drva

le film

Film

la chaîne hi-fi

Glasbeni stolp

la clé

Ključ

le journal

Časopis

la peinture

Slika

le poster

Plakat

la radio

Radio

le bloc-notes

Beležka

l'aspirateur

Sesalnik

le cactus

Kaktus

la bougie

Sveča

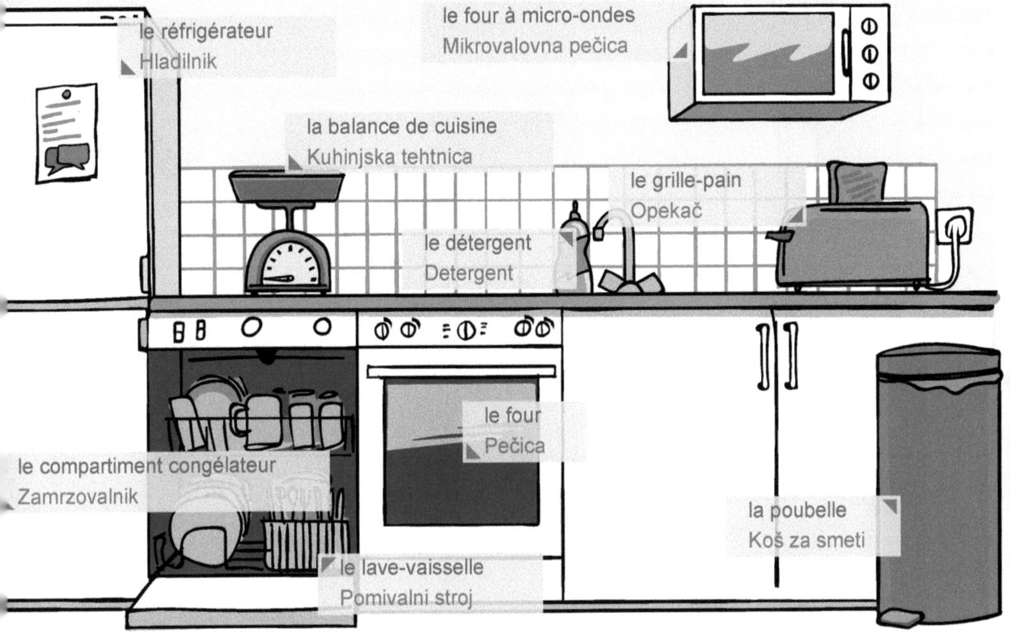

le réfrigérateur
Hladilnik

le four à micro-ondes
Mikrovalovna pečica

la balance de cuisine
Kuhinjska tehtnica

le grille-pain
Opekač

le détergent
Detergent

le four
Pečica

le compartiment congélateur
Zamrzovalnik

la poubelle
Koš za smeti

le lave-vaisselle
Pomivalni stroj

le four

Kozica

la casserole

Lonec

la marmite

Litoželezni lonec

le wok / kadai

Vok / kadai

la poêle

Ponev

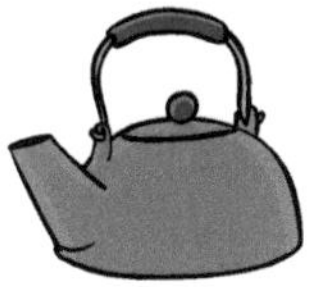

la bouilloire electrique

Kotliček

le cuiseur vapeur

Parni kuhalnik

la plaque de cuisson

Pekač

la vaisselle

Posoda

le gobelet

Skodelica

la coupe

Skleda

les baguettes

Jedilne paličice

la louche

Zajemalka

la spatule

Lopatica

le fouet

Metlica

la passoire

Cedilnik

le tamis

Cedilo

la râpe

Strgalo

le mortier

Možnar

le barbecue

Žar

la cheminée

Ognjišče

la planche à découper

Deska za rezanje

le rouleau à pâtisserie

Valjar

le tire-bouchon

Odpirač za steklenice

la boîte

Pločevinka

l'ouvre-boîte

Odpirač za konzerve

les maniques

Prijemalka za posodo

le lavabo

Korito

la brosse

Ščetka

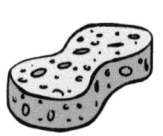

l'éponge

Goba

le mixeur

Mešalnik

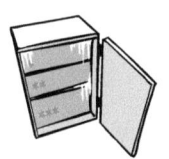

le congélateur

Zamrzovalna skrinja

le biberon

Steklenička

le robinet

Pipa

la salle de bain
Kopalnica

le chauffage
Ogrevanje
la serviette
Brisača
la douche
Prha
le rideau de douche
Zavesa za prho
le bain moussant
Peneča kopel
la baignoire
Kopalna kad
le verre
Kozarec
la machine à laver
Pralni stroj
le robinet
Pipa
le carrelage
Ploščice
le pot
Kahlica
le lavabo
Korito

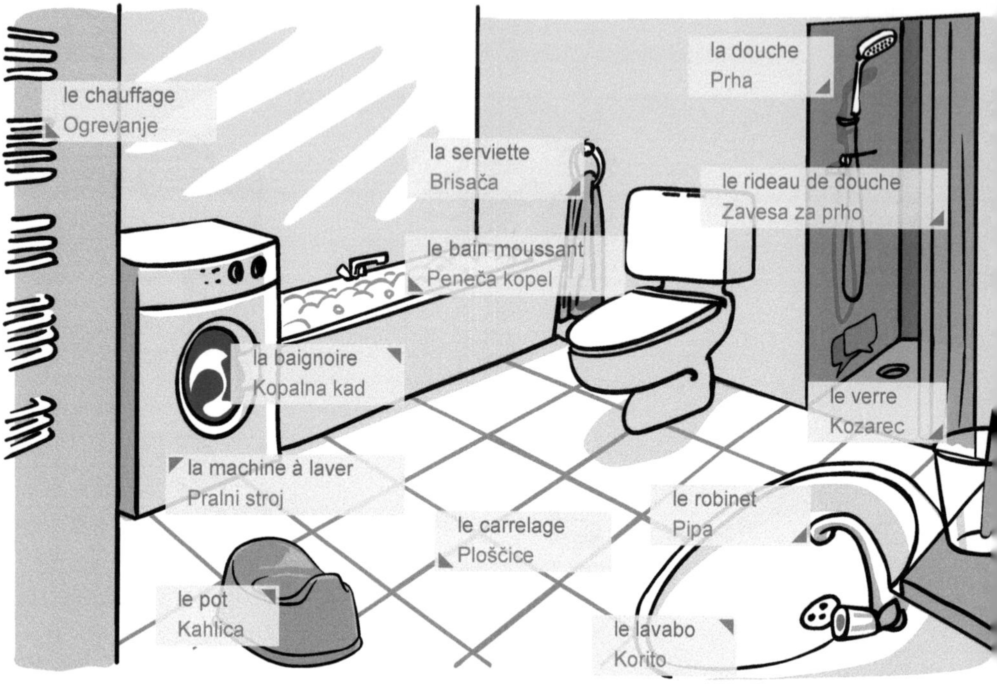

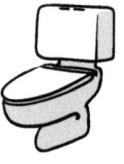

les toilettes

Stranišče

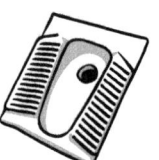

la toilette à la turque

Stranišče na počep

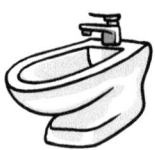

le bidet

Bide

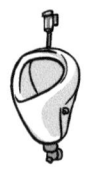

l'urinoir

Pisoar

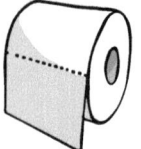

le papier toilette

Toaletni papir

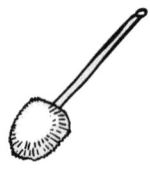

la brosse à toilette

Ščetka za straniščno školjko

la brosse à dents

Zobna ščetka

le dentifrice

Zobna pasta

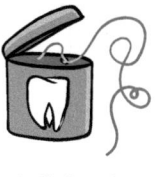

le fil dentaire

Zobna nitka

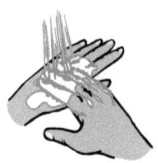

laver

Umiti se

la douche manuelle

Ročna prha

la douche intime

Prha za intimne dele

la vasque

Umivalnik

la brosse dorsale

Krtača za hrbet

le savon

Milo

le gel douche

Gel za prhanje

le shampooing

Šampon

le gant de toilette

Krpica za miljenje

l'écoulement

Odtok

la crème

Krema

le déodorant

Deodorant

le miroir

Ogledalo

le miroir cosmétique

Ročno ogledalo

le rasoir

Britvica

la mousse à raser

Pena za britje

l'après-rasage

Vodica po britju

la peigne

Glavnik

la brosse

Ščetka

le sèche-cheveux

Sušilnik za lase

la laque pour cheveux

Lak za lase

le fond de teint

Ličila

le rouge à lèvres

Šminka

le vernis à ongles

Lak za nohte

l'ouate

Vatirane blazinice

le coupe-ongles

Škarjice za nohte

le parfum

Parfum

la trousse de toilette

Toaletna torbica

le tabouret

Stol brez naslonjala

le pèse-personne

Osebna tehtnica

le peignoir

Kopalni plašč

les gants de nettoyage

Gumijaste rokavice

le tampon

Tampon

s serviettes hygiéniques

Damski vložki

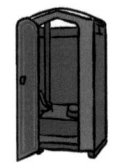

la toilette chimique

Kemično stranišče

la chambre d'enfant
Otroška soba

le réveil
Budilka
le doudou
Plišasta igrača
la voiture jouet
Avtomobilček
le hochet
Ropotuljica
la maison de poupée
Hiška za punčke
le cadeau
Darilo

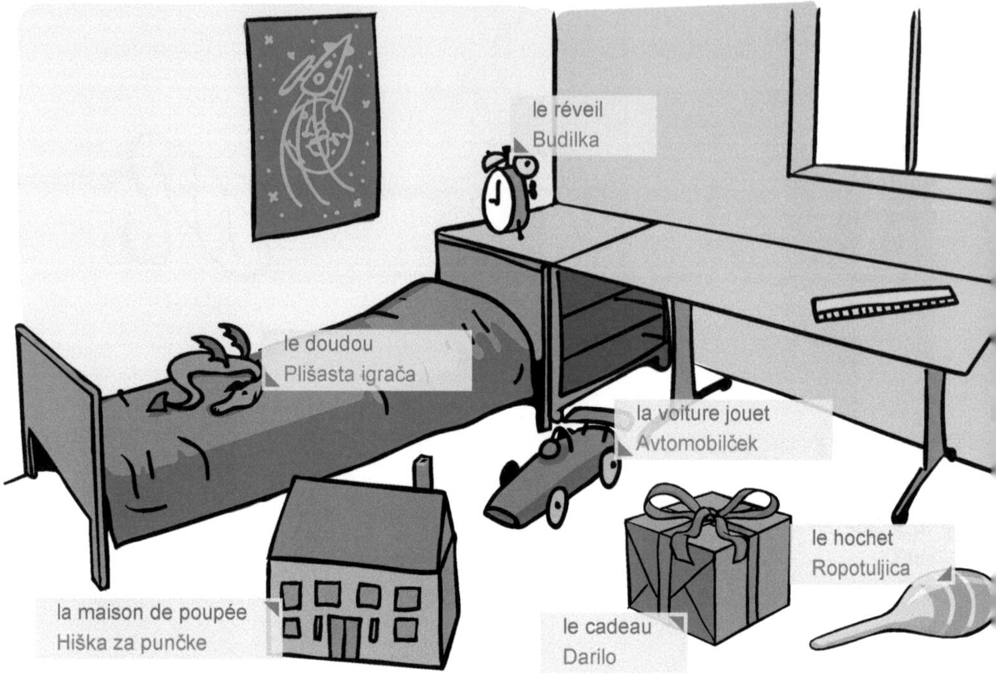

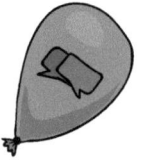

le ballon

Balon

le lit

Postelja

la poussette

Otroški voziček

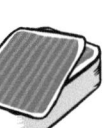

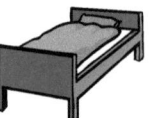

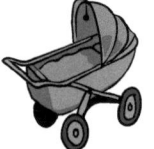

le jeu de cartes

Igralne karte

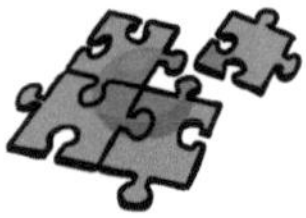

le puzzle

Sestavljanka

la bande dessinée

Strip

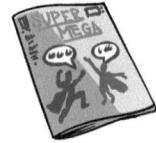

les pièces lego

Lego kocke

les blocs de construction

Igralne kocke

la figurine

Akcijska figura

la grenouillère

Bodi

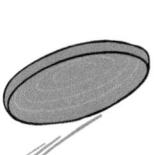

le frisbee

Frizbi

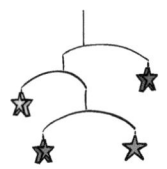

le mobile

Vrtiljak za posteljico

le jeu de société

Namizna igra

le dé

Kocka

le train miniature

Komplet modelov vlakov

la sucette

Duda

la fête

Zabava

le livre d'images

Slikanica

la balle

Žoga

la poupée

Lutka

jouer

Igrati se

le bac à sable

Peskovnik

la balançoire

Gugalnica

les jouets

Igrače

la console de jeu

Igralna konzola

le tricycle

Tricikel

l'ours en peluche

Plišasti medvedek

l'armoire

Garderoba

les vêtements

Oblačilo

les chaussettes

Nogavice

les bas

Samostoječe nogavice

le collant

Hlačne nogavice

l'écharpe
Šal

le parapluie
Dežnik

la ceinture
Pas

le t-shirt
Majica s kratkimi rokavi

les bottes
Škornji

les pantoufles
Copati

les baskets
Športni copati

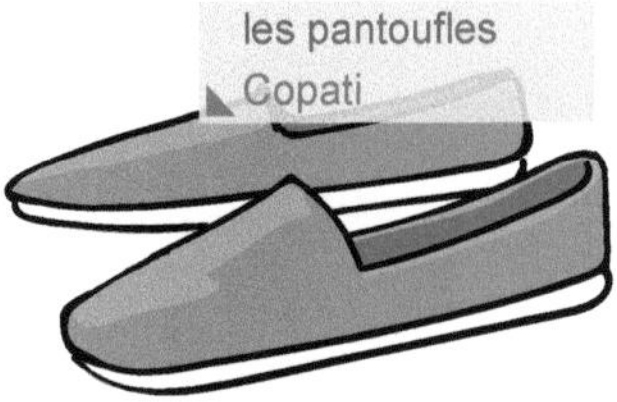

les sandales
Sandali

les chaussures
Čevlji

les bottes de caoutchouc
Gumijasti škornji

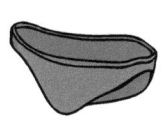

les sous-vêtements
Spodnje hlače

le soutien-gorge
Modrček

le maillot de corps
Telovnik

le body

Bodi

le pantalon

Hlače

le jean

Kavbojke

la jupe

Krilo

le chemisier

Bluza

la chemise

Srajca

le pull

Pulover

le sweat à capuche

Pletena jopica

la veste

Jopa

la veste

Jakna

le manteau

Plašč

l'imperméable

Dežni plašč

le costume

Kostim

la robe

Obleka

la robe de mariée

Poročna obleka

le costume

Obleka

la chemise de nuit

Spalna srajca

le pyjama

Pižama

le sari

Sari

le foulard

Naglavna ruta

le turban

Turban

la burqa

Burka

le caftan

Kaftan

l'abaya

Abaja

le maillot de bain

Kopalke

le maillot de bain

Kopalne hlače

le short

Kratke hlače

la tenue d'entraînement

Trenirka

le tablier

Predpasnik

les gants

Rokavice

le bouton

Gumb

les lunettes

Očala

le bracelet

Zapestnica

le collier

Verižica

la bague

Prstan

la boucle d'oreille

Uhan

le bonnet

Kapa

le cintre

Obešalnik

le chapeau

Klobuk

la cravate

Kravata

la fermeture éclair

Zadrga

le casque

Čelada

les bretelles

Naramnice

l'uniforme scolaire

Šolska uniforma

l'uniforme

Uniforma

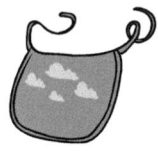

le bavoir

Slinček

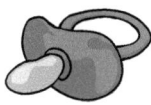

la sucette

Duda

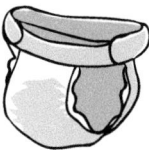

la lange

Plenica

le bureau
Pisarna

le serveur
Strežnik
l'armoire d'archivage
Kartotečna omara
l'imprimante
Tiskalnik
l'écran
Monitor
le papier
Papir
la souris
Miška
le bureau
Pisalna miza
le classeur
Mapa
le clavier
Tipkovnica
la chaise
Stol
la corbeille à papier
Koš za smeti
l'ordinateur
Računalnik

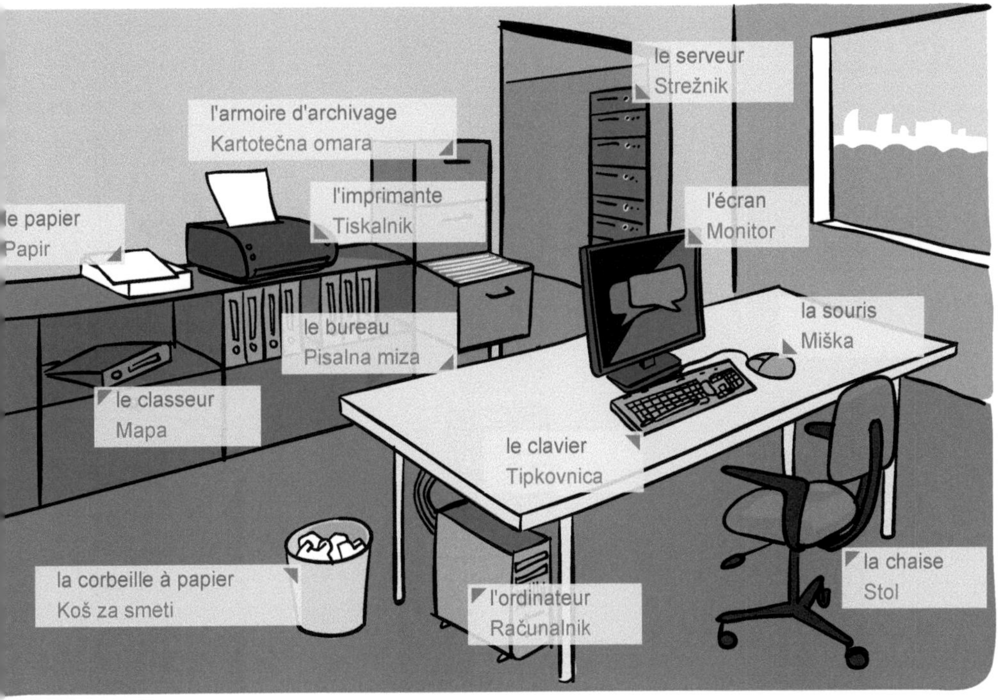

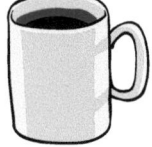

la tasse de café

Lonček za kavo

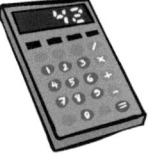

la calculatrice

Kalkulator

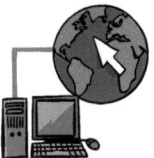

l'internet

Internet

l'ordinateur portable

Prenosnik

la lettre

Pismo

le message

Sporočilo

le portable

Mobilnik

le réseau

Omrežje

la photocopieuse

Kopirni stroj

le logiciel

Programska oprema

le téléphone

Telefon

la prise

Vtičnica

le fax

Telefaks

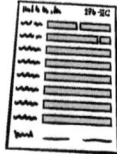

le formulaire

Obrazec

le document

Dokument

acheter

Kupiti

payer

Plaćati

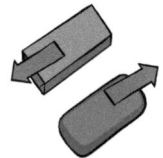

faire du commerce

Trgovati

la monnaie

Denar

le dollar

Dolar

l'euro

Evro

le yen

Jen

le rouble

Rubelj

le franc suisse

Švičarski frank

le renminbi yuan

Kitajski juan renminbi

la roupie

Rupija

le distributeur automatique

Bankomat

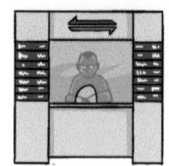

le bureau de change

Menjalnica

l'or

Zlato

l'argent

Srebro

le pétrole

Nafta

l'énergie

Energija

le prix

Cena

le contrat

Pogodba

la taxe

Davek

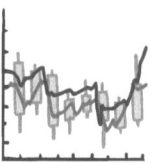

l'action

Delnice

travailler

Delati

l'employé

Delojemalec

l'employeur

Delodajalec

l'usine

Tovarna

le magasin

Trgovina

les professions
Poklici

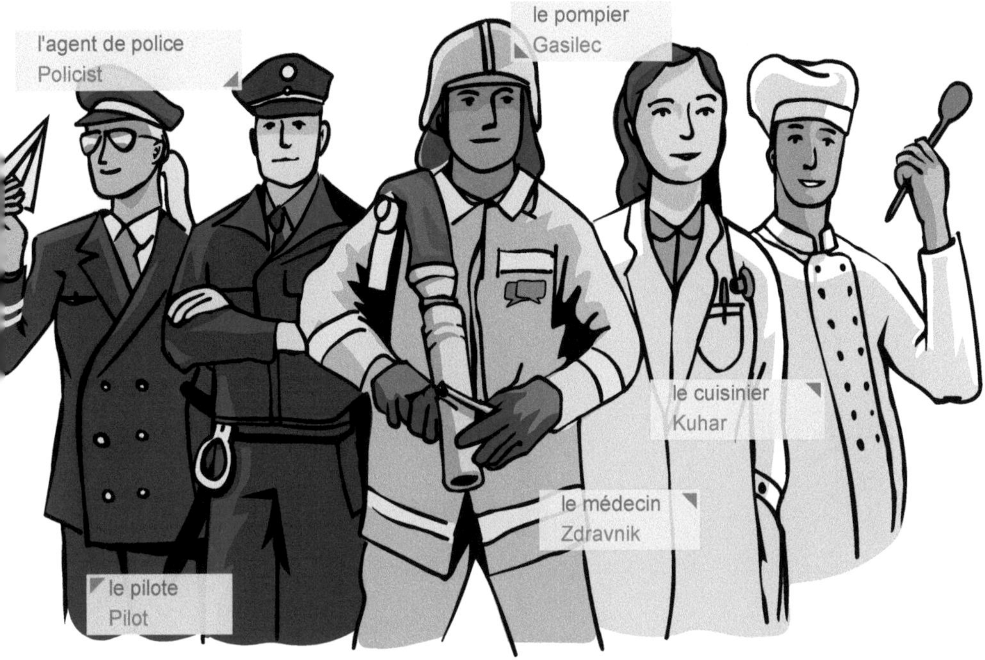

l'agent de police
Policist
le pompier
Gasilec
le cuisinier
Kuhar
le médecin
Zdravnik
le pilote
Pilot

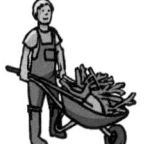

le jardinier

Vrtnar

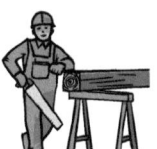

le menuisier

Mizar

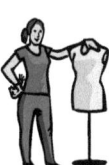

la couturière

Šivilja

le juge

Sodnik

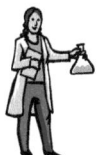

le chimiste

Kemik

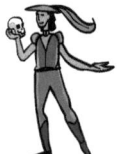

l'acteur

Igralec

le conducteur de bus

Voznik avtobusa

le chauffeur de taxi

Taksist

le pêcheur

Ribič

la femme de ménage

Čistilka

le couvreur

Krovec

le serveur

Natakar

le chasseur

Lovec

le peintre

Pleskar

le boulanger

Pek

l'électricien

Električar

l'ouvrier

Gradbenik

l'ingénieur

Inženir

le boucher

Mesar

le plombier

Vodovodni inštalater

le facteur

Poštar

le soldat

Vojak

l'architecte

Arhitekt

le caissier

Blagajnik

le fleuriste

Cvetličar

le coiffeur

Frizer

le contrôleur

Sprevodnik

le mécanicien

Mehanik

le capitaine

Kapitan

le dentiste

Zobozdravnik

le scientifique

Znanstvenik

le rabbin

Rabin

l'imam

Imam

le moine

Menih

le prêtre

Duhovnik

les outils
Orodje

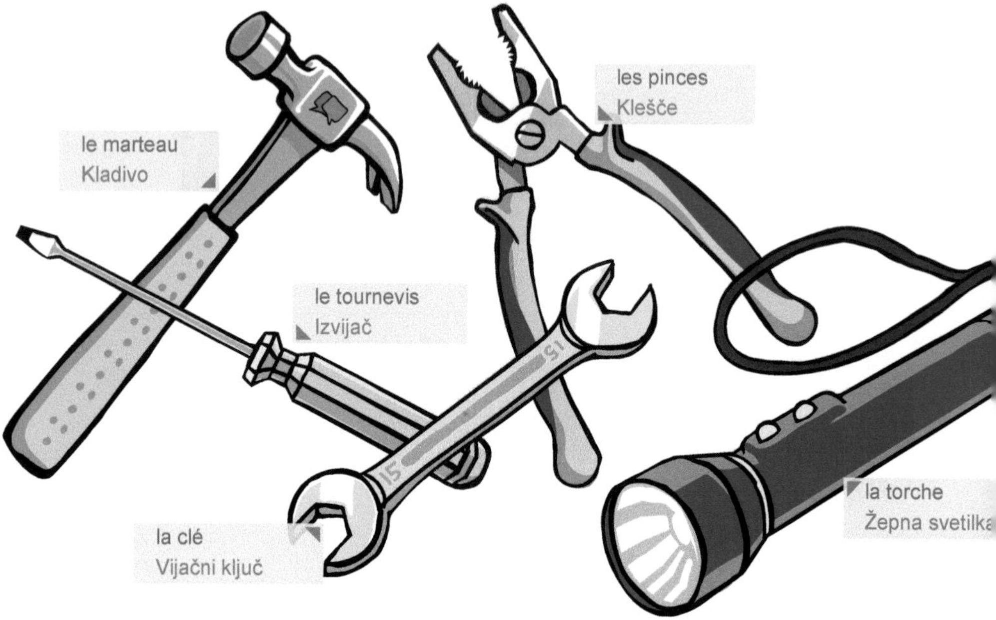

les pinces
Klešče
le marteau
Kladivo
le tournevis
Izvijač
la torche
Žepna svetilk
la clé
Vijačni ključ

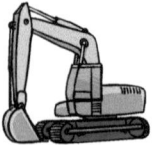

la pelleteuse

Bager

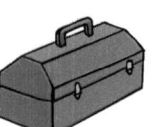

la boîte à outils

Zaboj z orodjem

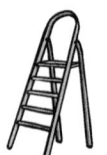

l'échelle

Lestev

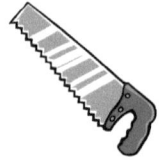

la scie

Žaga

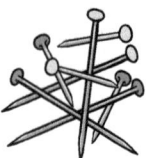

les clous

Žeblji

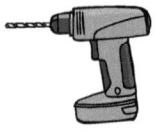

la perceuse

Vrtalnik

réparer

Popraviti

la pelle

Lopata

Mince !

Šment!

la pelle

Smetišnica

le pot de peinture

Posoda z barvo

les vis

Vijaki

les instruments de musique
Glasbeni instrument

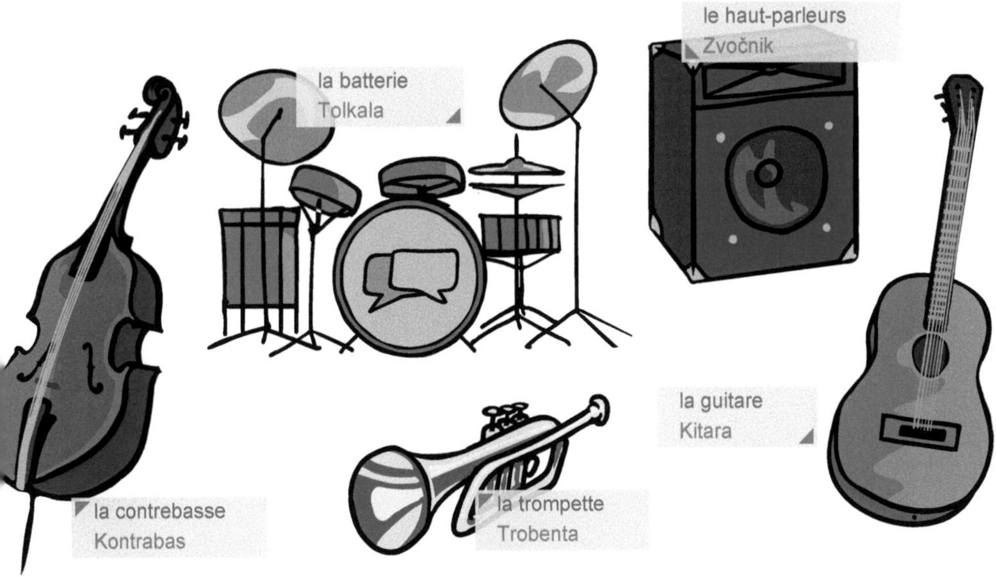

la batterie
Tolkala

le haut-parleurs
Zvočnik

la guitare
Kitara

la contrebasse
Kontrabas

la trompette
Trobenta

le piano

Klavir

le violon

Violina

la basse

Bas kitara

les timbales

Pavke

le tambour

Bobni

le piano électrique

Sintetizator

le saxophone

Saksofon

la flûte

Flavta

le microphone

Mikrofon

le zoo

Živalski vrt

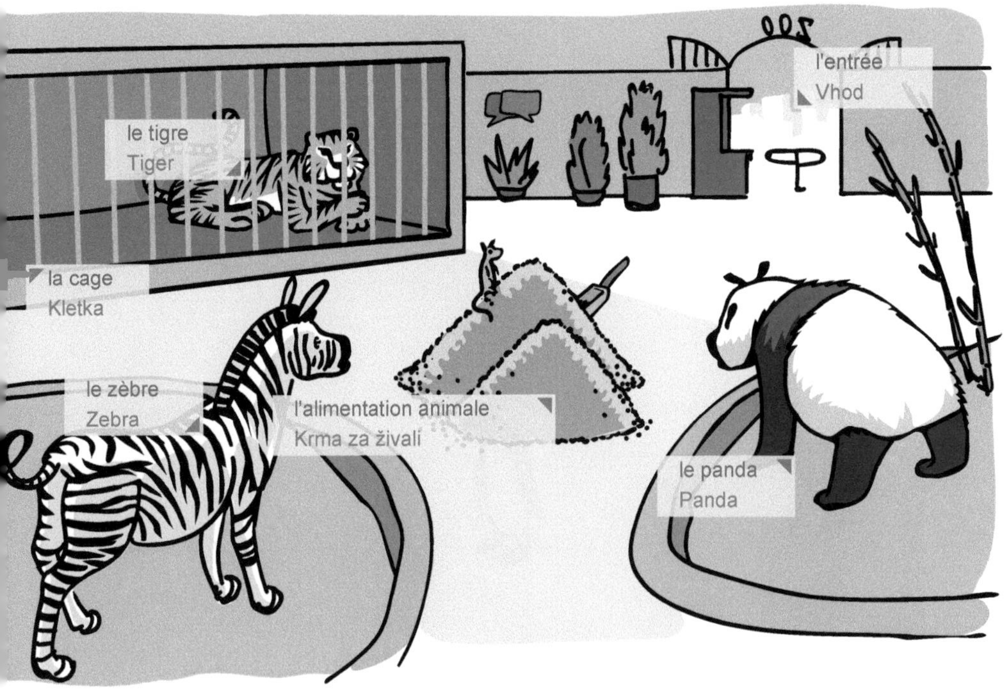
l'entrée
Vhod
le tigre
Tiger
la cage
Kletka
le zèbre
Zebra
l'alimentation animale
Krma za živali
le panda
Panda

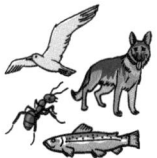

les animaux

Živali

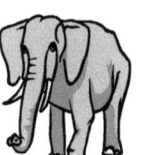

l'éléphant

Slon

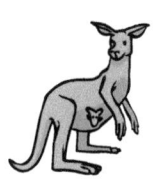

le kangourou

Kenguru

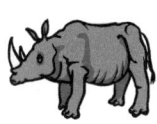

le rhinocéros

Nosorog

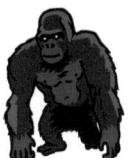

le gorille

Gorila

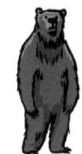

l'ours

Medved

le chameau

Kamela

l'autruche

Noj

le lion

Lev

le singe

Opica

le flamand rose

Plamenec

le perroquet

Papagaj

l'ours polaire

Severni medved

le pingouin

Pingvin

le requin

Morski pes

le paon

Pav

le serpent

Kača

le crocodile

Krokodil

le gardien de zoo

Oskrbnik v živalskem vrtu

le phoque

Tjulenj

le jaguar

Jaguar

le poney

Poni

le léopard

Leopard

l'hippopotame

Povodni konj

la girafe

Žirafa

l'aigle

Orel

le sanglier

Divji prašič

le poisson

Riba

la tortue

Želva

le morse

Mrož

le renard

Lisica

la gazelle

Gazela

les sports
Šport

l'american Football
Amériški nogomet

le cyclisme
Kolesarjenje

le tennis
Tenis

le basket-ball
Košarka

la natation
Plavanje

la boxe
Boks

le hockey sur glace
Hokej

le football
Nogomet

le badminton
Badminton

l'athlétisme
Atletika

le handball
Rokomet

le ski
Smučanje

le polo
Polo

rire
Smejati se

sauter
Skočiti

embrasser
Objeti

marcher
Hoditi

chanter
Peti

rêver
Sanjati

prier
Moliti

faire la bise
Poljubiti

écrire
Pisati

dessiner
Risati

montrer
Pokazati

pousser
Potisniti

donner
Dati

prendre
Vzeti

avoir
Imeti

faire
Narediti

être
Biti

être debout
Stati

courir
Teči

trier
Vleči

jeter
Vreči

tomber
Pasti

être couché
Ležati

attendre
Čakati

porter
Nositi

être assis
Sedeti

s'habiller
Obleči se

dormir
Spati

se réveiller
Zbuditi se

regarder

Gledati

pleurer

Jokati

caresser

Božati

peigner

Česati se

parler

Govoriti

comprendre

Razumeti

demander

Vprašati

écouter

Poslušati

boire

Piti

manger

Jesti

ranger

Pospraviti

aimer

Ljubiti

cuire

Kuhati

conduire

Voziti

voler

Leteti

faire de la voile

Jadrati

calculer

Računanje

lire

Brati

apprendre

Učiti se

travailler

Delati

se marier

Poročiti se

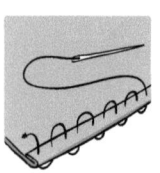

coudre

Šivati

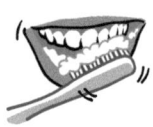

brosser les dents

Ščetkati si zobe

tuer

Ubiti

fumer

Kaditi

envoyer

Poslati

la famille
Družina

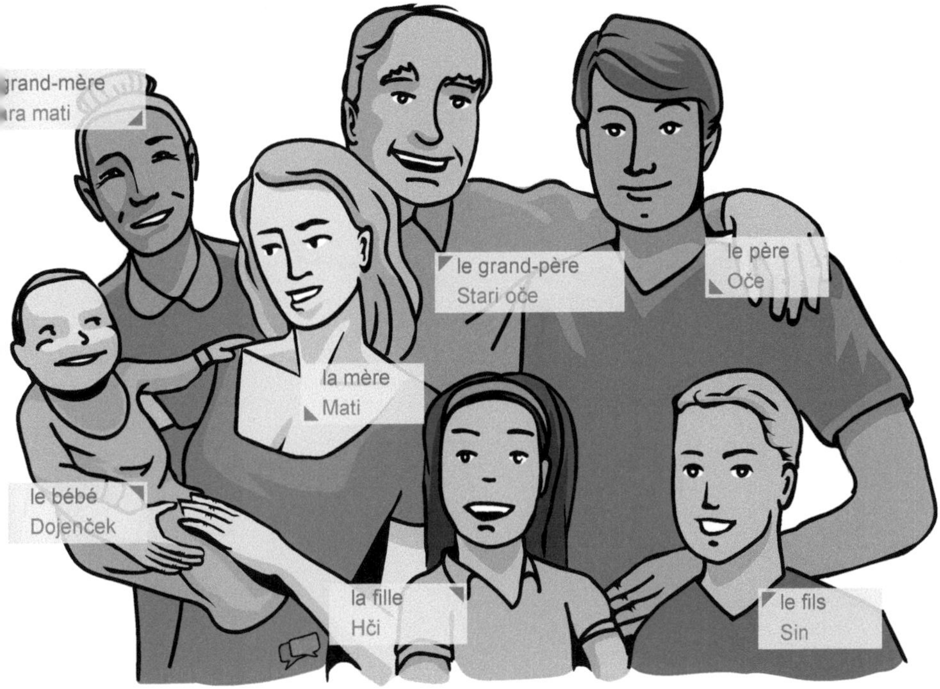
rand-mère
ra mati
le grand-père
Stari oče
le père
Oče
la mère
Mati
le bébé
Dojenček
la fille
Hči
le fils
Sin

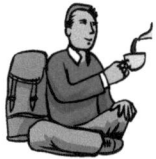

l'hôte

Gost

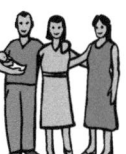

la tante

Teta

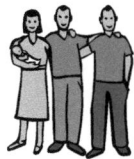

l'oncle

Stric

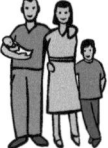

le frère

Brat

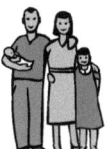

la sœur

Sestra

le corps

Telo

le front
Čelo
l'œil
Oko
l'épaule
Rama
le doigt
Prst
le visage
Obraz
le menton
Brada
la main
Dlan
la jambe
Noga
la poitrine
Prsi
le bras
Roka

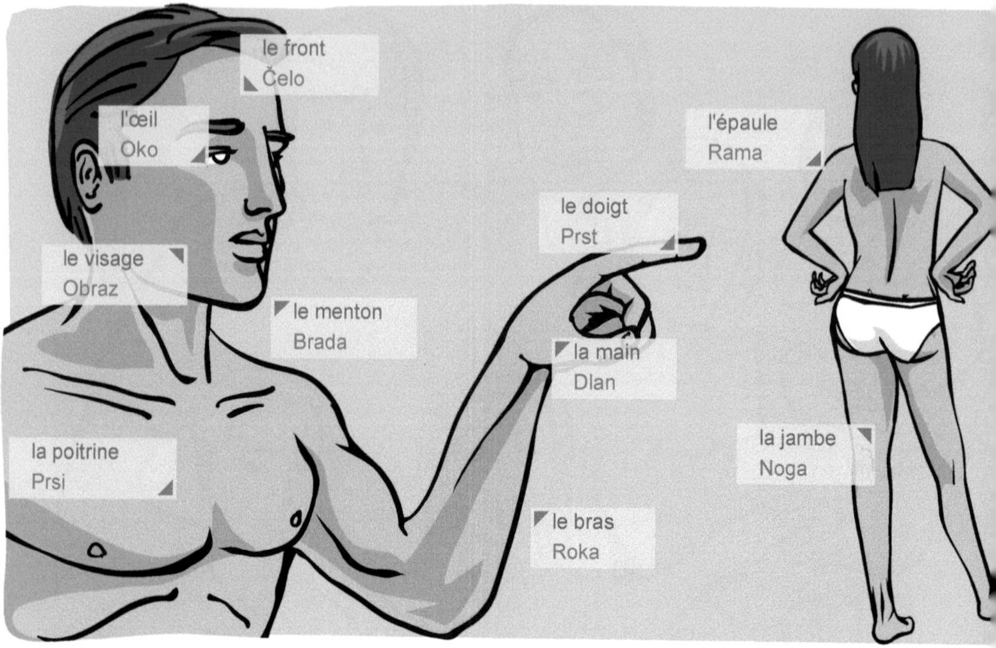

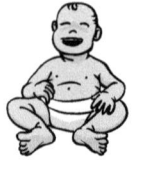

le bébé

Dojenček

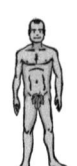

l'homme

Človek

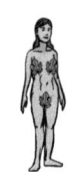

la femme

Ženska

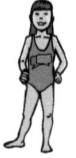

la fille

Dekle

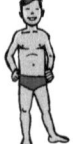

le garçon

Fant

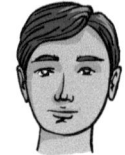

la tête

Glava

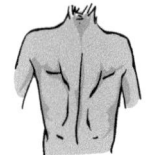

le dos

Hrbet

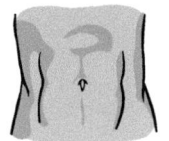

le ventre

Trebuh

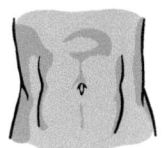

le nombril

Popek

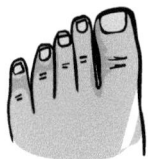

l'orteil

Prst na nogi

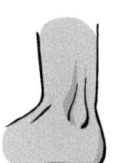

le talon

Peta

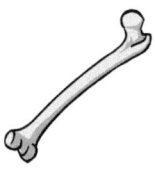

l'os

Kost

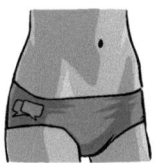

la hanche

Kolk

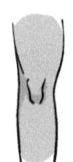

le genou

Koleno

le coude

Komolec

le nez

Nos

les fesses

Zadnjica

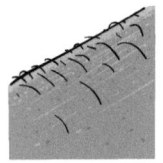

la peau

Koža

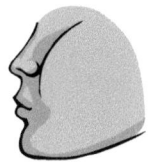

la joue

Lice

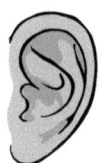

l'oreille

Uho

la lèvre

Ustnica

la bouche
Usta

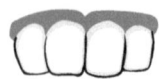

la dent
Zob

la langue
Jezik

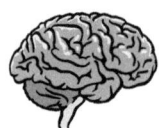

le cerveau
Možgani

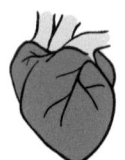

le cœur
Srce

le muscle
Mišica

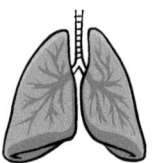

les poumons
Pljuča

le foie
Jetra

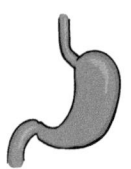

l'estomac
Želodec

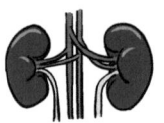

les reins
Ledvice

le rapport sexuel
Spolni odnos

le préservatif
Kondom

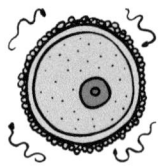

l'ovule
Jajčece

le sperme
Semenska tekočina

la grossesse
Nosečnost

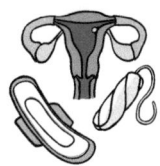

la menstruation

Menstruacija

le vagin

Vagina

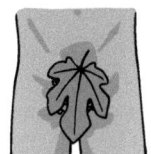

le pénis

Penis

le sourcil

Obrv

les cheveux

Lasje

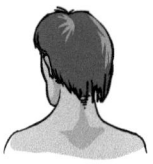

le cou

Vrat

l'hôpital
Bolnišnica

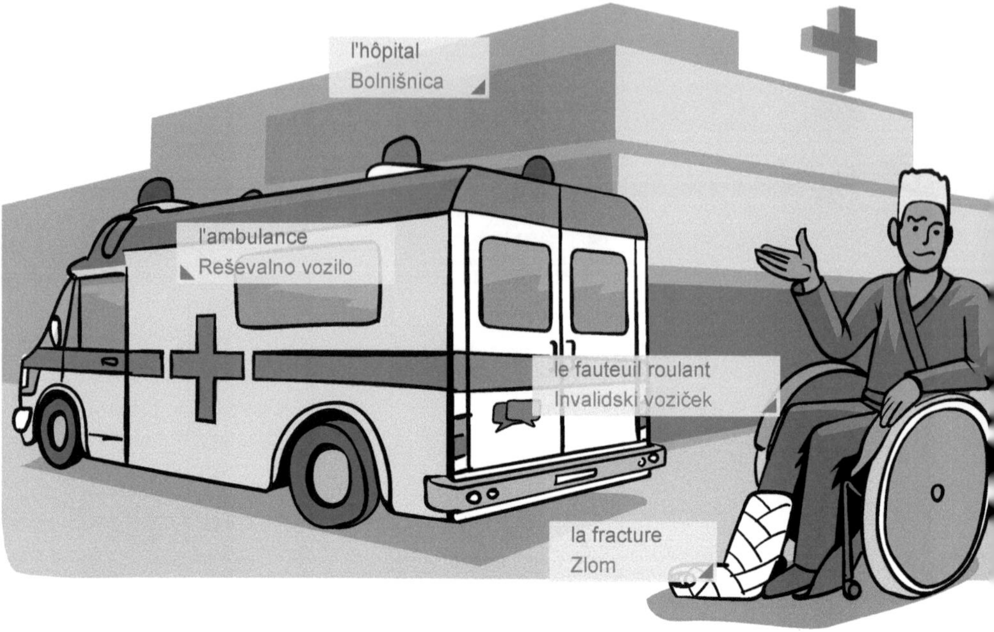

l'hôpital
Bolnišnica
l'ambulance
Reševalno vozilo
le fauteuil roulant
Invalidski voziček
la fracture
Zlom

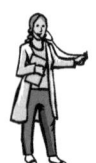

le médecin

Zdravnik

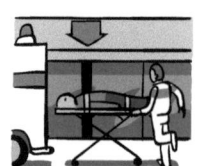

le service des urgences

Urgenca

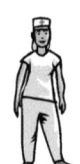

l'infirmière

Medicinska sestra

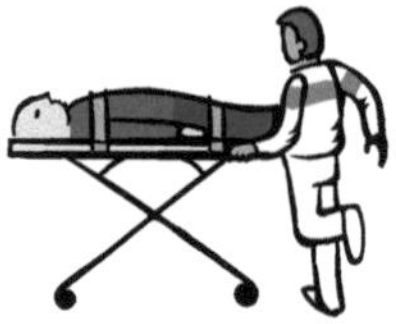

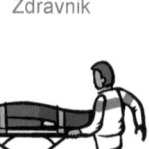

l'urgence

Nujni primer

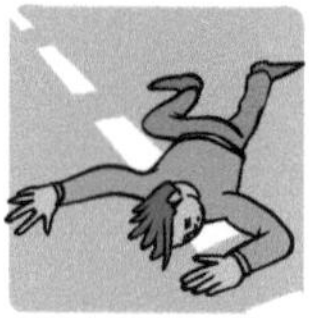

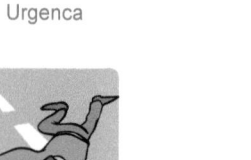

inconscient

Nezavesten

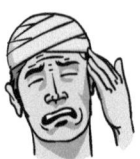

la douleur

Bolečina

la blessure
....
Poškodba

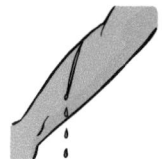

l'hémorragie
....
Krvavenje

la crise cardiaque
....
Srčni infarkt

l'attaque cérébrale
....
Kap

l'allergie
....
Alergija

la toux
....
Kašelj

la fièvre
....
Vročina

la grippe
....
Gripa

la diarrhée
....
Driska

le mal de tête
....
Glavobol

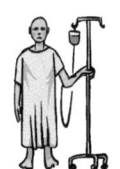

le cancer
....
Rak

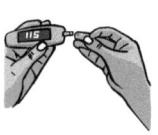

le diabète
....
Sladkorna bolezen

le chirurgien
....
Kirurg

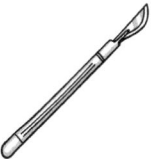

le scalpel
....
Skalpel

l'opération
....
Operacija

le CT

CT

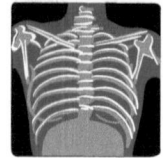

la radiographie

Rentgen

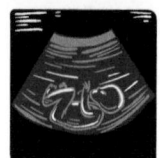

l'échographie

Ultrazvok

le masque

Obrazna maska

la maladie

Bolezen

la salle d'attente

Čakalnica

la béquille

Bergla

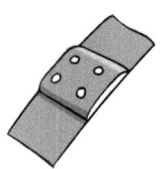

le pansement

Obliž

le pansement

Preveza

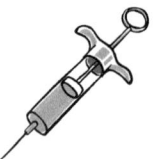

l'injection

Injekcija

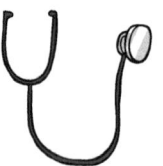

le stéthoscope

Stetoskop

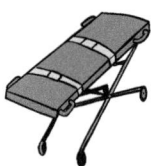

le brancard

Nosila

le thermomètre

Klinični termometer

l'accouchement

Porod

la surcharge pondérale

Prekomerna teža

l'appareil auditif

Slušni pripomoček

le désinfectant

Razkužilo

l'infection

Okužba

le virus

Virus

le VIH / le sida

HIV / AIDS

le médicament

Medicina

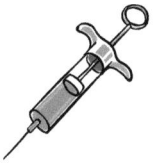

la vaccination

Cepljenje

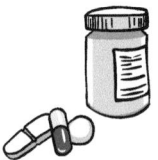

les comprimés

Tablete

la pilule

Tableta

l'appel d'urgence

Klic v sili

le tensiomètre

Merilnik krvnega tlaka

malade / sain

bolano / zdravo

l'alarme

Alarm

l'assaut

Napad

Au secours !

Na pomoč!

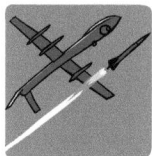

l'attaque

Napad

le danger

Nevarnost

la sortie de secours

Izhod v sili

Au feu!

Gori!

l'extincteur

Gasilni aparat

l'accident

Nezgoda

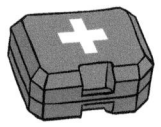

la trousse de premier secours

Komplet za prvo pomoč

SOS

SOS

la police

Policija

l'Europe

Evropa

l'Amérique du Nord

Severna Amerika

l'Amérique du Sud

Južna Amerika

l'Afrique

Afrika

l'Asie

Azija

l'Australie

Avstralija

l'Océan atlantique

Atlantski ocean

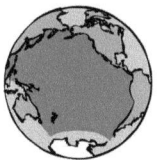

l'Océan pacifique

Tihi ocean

l'Océan indien

Indijski ocean

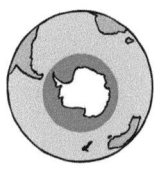

l'Océan antarctique

Južni ocean

l'Océan arctique

Arktični ocean

le Pôle nord

Severni tečaj

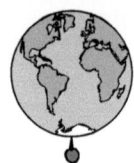

le Pôle sud

Južni tečaj

l'Antarctique

Antarktika

la terre

Zemlja

le pays

Kopno

la mer

Morje

l'île

Otok

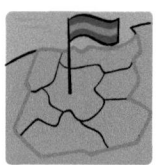

la nation

Narod

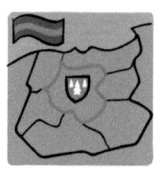

l'état

Država

le cadran

Številčnica

l'aiguille des heures

Urni kazalec

l'aiguille des minutes

Minutni kazalec

l'aiguille des secondes

Sekundni kazalec

Quelle heure est-il ?

Koliko je ura?

le jour

Dan

le temps

Čas

maintenant

Zdaj

la montre digitale

Digitalna ura

la minute

Minuta

l'heure

Ura

la semaine
Teden

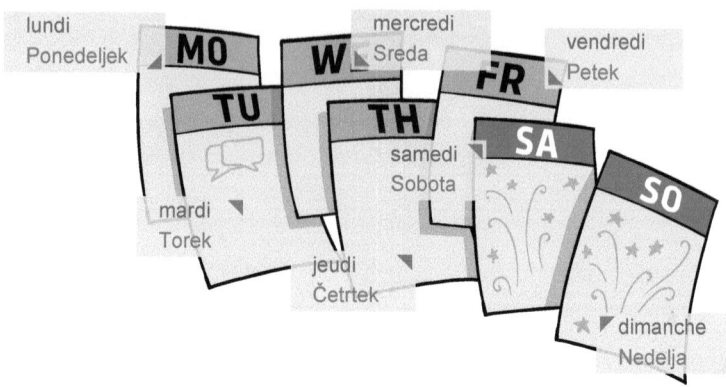

lundi
Ponedeljek

mercredi
Sreda

vendredi
Petek

samedi
Sobota

mardi
Torek

jeudi
Četrtek

dimanche
Nedelja

hier

Včeraj

aujourd'hui

Danes

demain

Jutri

le matin

Jutro

le midi

Poldne

le soir

Večer

MO	TU	WE	TH	FR	SA	SU
1	2	3	4	5	6	7
8	9	10	11	12	13	14
15	16	17	18	19	20	21
22	23	24	25	26	27	28
29	30	31	1	2	3	4

MO	TU	WE	TH	FR	SA	SU
1	2	3	4	5	6	7
8	9	10	11	12	13	14
15	16	17	18	19	20	21
22	23	24	25	26	27	28
29	30	31	1	2	3	4

les jours ouvrables

Delovni dnevi

le week-end

Konec tedna

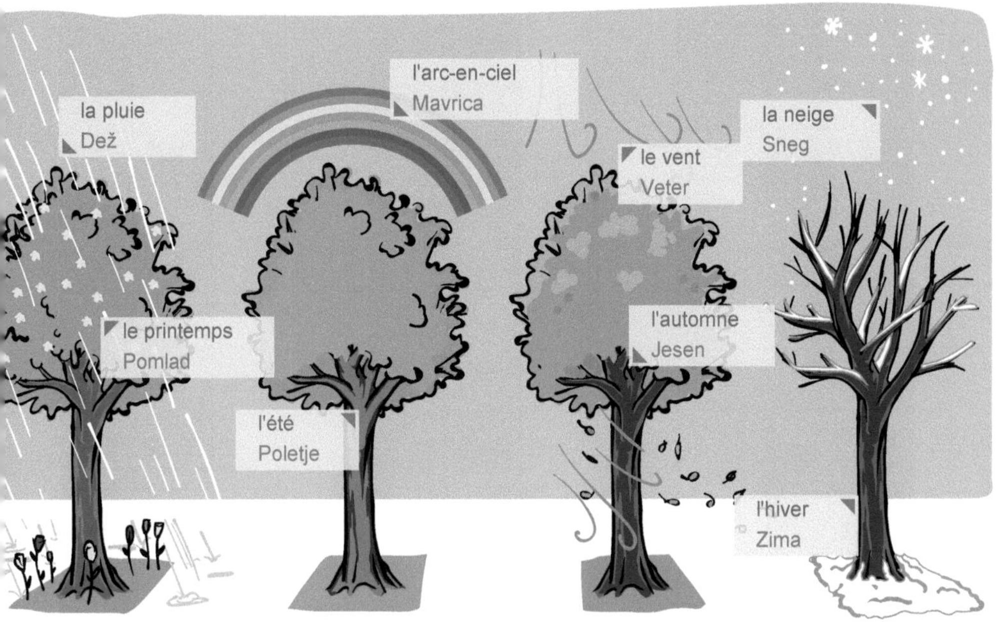

la pluie
Dež
l'arc-en-ciel
Mavrica
la neige
Sneg
le vent
Veter
le printemps
Pomlad
l'automne
Jesen
l'été
Poletje
l'hiver
Zima

4.APRIL 11°
5.APRIL 4°
6.APRIL 13°
7.APRIL 8°
8.APRIL 10°

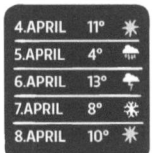

la météo

Vremenska napoved

F
C
120
90
60
30
0
-30
40
30
20
10
0
-10
-20

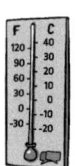

le thermomètre

Termometer

la lumière du soleil

Sončna svetloba

le nuage

Oblak

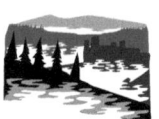

le brouillard

Megla

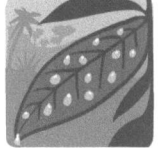

l'humidité

Vlažnost

la foudre

Strela

la tonnerre

Grom

la tempête

Nevihta

la grêle

Toča

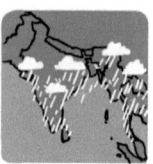

la mousson

Monsun

l'inondation

Poplava

la glace

Led

janvier

Januar

février

Februar

mars

Marec

avril

April

mai

Maj

juin

Junij

juillet

Julij

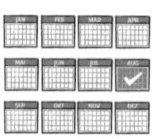

août

Avgust

septembre

September

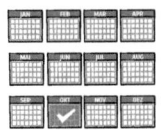

octobre

Oktober

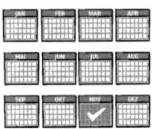

novembre

November

décembre

December

les formes
Oblike

le cercle

Krogla

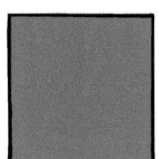

le carré

Kvadrat

le rectangle

Pravokotnik

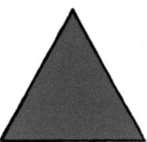

le triangle

Trikotnik

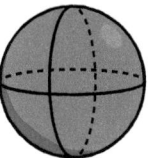

la sphère

Krogla

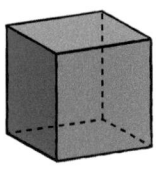

le cube

Kocka

blanc

Bela

jaune

Rumena

orange

Oranžna

rose

Rožnata

rouge

Rdeča

violet

Vijolična

bleu

Modra

vert

Zelena

marron

Rjava

gris

Siva

noir

Črna

beaucoup / peu

veliko / malo

fâché / calme

jezno / umirjeno

joli / laid

lepo / grdo

le début / la fin

začetek / konec

grand / petit

veliko / majhno

clair / obscure

svetlo / temno

frère / soeur

brat / sestra

propre / sale

čisto / umazano

complet / incomplet

popolno / nepopolno

le jour / la nuit

dan / noč

mort / vivant

mrtvo / živo

large / étroit

široko / ozko

comestible / incomestible

užitno / neužitno

méchant / gentil

zlobno / prijazno

excité / ennuyé

vznemirjeno / zdolgočaseno

gros / mince

debelo / vitko

le premier / le dernier

prvo / zadnje

l'ami / l'ennemi

prijatelj / sovražnik

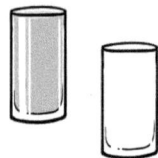

plein / vide

polno / prazno

dur / souple

trdo / mehko

lourd / léger

težko / lahko

faim / soif

lakota / žeja

malade / sain

bolano / zdravo

illégal / légal

nezakonito / zakonito

intelligent / stupide

pametno / neumno

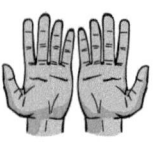

gauche / droite

levo / desno

proche / loin

blizu / daleč

nouveau / usé
novo / rabljeno

rien / quelque chose
nič / nekaj

vieux / jeune
staro / mlado

marche / arrêt
klopljeno / izklopljeno

ouvert / fermé
odprto / zaprto

faible / fort
tiho / glasno

riche / pauvre
bogato / revno

correct / incorrect
prav / narobe

rugueux / lisse
grobo / gladko

triste / heureux
žalostno / veselo

court / long
kratko / dolgo

lent / rapide
počasi / hitro

mouillé / sec
mokro / suho

chaud / froid
toplo / hladno

la guerre / la paix
vojna / mir

0

zéro

Ničla

1

un / une

Ena

2

deux

Dva

3

trois

Tri

4

quatre

Štiri

5

cinq

Pet

6

six

Šest

7

sept

Sedem

8

huit

Osem

9

neuf

Devet

10

dix

Deset

11

onze

Enajst

12

douze

Dvanajst

13

treize

Trinajst

14

quatorze

Štirinajst

15

quinze

Petnajst

16

seize

Šestnajst

17

dix-sept

Sedemnajst

18

dix-huit

Osemnajst

19

dix-neuf

Devetnajst

20

vingt

Dvajset

100

cent

Sto

1.000

mille

Tisoč

1.000.000

le million

Milijon

l'anglais

Angleščina

l'anglais américain

Ameriška angleščina

le chinois mandarin

Mandarinščina

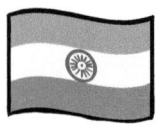

le hindi

Hindujščina

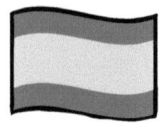

l'espagnol

Španščina

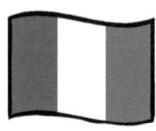

le français

Francoščina

l'arabe

Arabščina

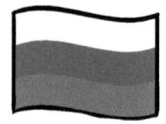

le russe

Ruščina

le portugais

Portugalščina

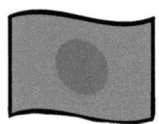

le bengali

Bengalščina

l'allemand

Nemščina

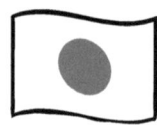

le japonais

Japonščina

je

Jaz

tu

Ti

il / elle / ce, c', cela

On / ona / tisto

nous

Mi

vous

Vi

ils / elles

Oni

Qui ?

Kdo?

Quoi ?

Kaj?

Comment ?

Kako?

Où ?

Kje?

Quand ?

Kdaj?

le nom

Ime

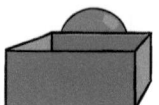

derrière

Zadaj

dans

V

devant

Pred

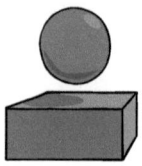

au-dessus

Nad

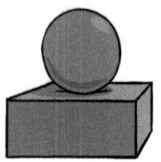

sur

Na

en-dessous

Pod

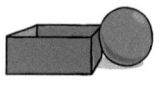

à côté de

Poleg

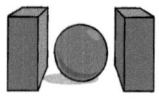

entre

Med

le lieu

Kraj